BOOK OF CENTURIES

This edition published 2019
by Living Book Press
Copyright © Living Book Press, 2019

ISBN: 978-1-925729-83-2 (softback)
        978-1-922348-88-3 (hardback)

A catalogue record for this
book is available from the
National Library of Australia

BOOK OF CENTURIES
BC & AD EDITION

We hope you enjoy this Book of Centuries. Each page represents a period of time with space on the right to enter dates and information, and a blank page on the left where you can draw events or items of interest relating to the time period.

Depending on the period a page represents from 1,000 years to 10 years as follows-

- Prehistory - 3 spreads
- 6,000-3,000bc - 1,000 years per spread
- 2000bc-1600ad - 100 years per spread
- 1601-1800ad - 50 years per spread
- 1801-1900ad - 20 years per spread
- 1901-onwards - 10 years per spread

Prehistory

Prehistory

Prehistory

Prehistory

Prehistory

Prehistory

Prehistory — 6000 BC

5999 — 5000 BC

5900

5800

5700

5600

5500

5400

5300

5200

5100

5000

4999 — 4000 BC

4999 — 4000 BC

4900

4800

4700

4600

4500

4400

4300

4200

4100

4000

3999 — 3000 BC

3900

3800

3700

3600

3500

3400

3300

3200

3100

3000

2999 — 2900 BC

2999 — 2900 BC

2990

2980

2970

2960

2950

2940

2930

2920

2910

2900

2899 — 2800 BC

2899 — 2800 BC

2890

2880

2870

2860

2850

2840

2830

2820

2810

2800

2799 — 2700 BC

2790

2780

2770

2760

2750

2740

2730

2720

2710

2700

2699 — 2600 BC

2690

2680

2670

2660

2650

2640

2630

2620

2610

2600

2599 — 2500 BC

2599 – 2500 BC

2590

2580

2570

2560

2550

2540

2530

2520

2510

2500

2499 — 2400 BC

2490

2480

2470

2460

2450

2440

2430

2420

2410

2400

2399 — 2300 BC

2390

2380

2370

2360

2350

2340

2330

2320

2310

2300

2299 — 2200 BC

2290

2280

2270

2260

2250

2240

2230

2220

2210

2200

2199 — 2100 BC

2199 — 2100 BC

2190

2180

2170

2160

2150

2140

2130

2120

2110

2100

2099 — 2000 BC

2099 — 2000 BC

2090

2080

2070

2060

2050

2040

2030

2020

2010

2000

1999 — 1900 BC

1999 — 1900 BC

1990

1980

1970

1960

1950

1940

1930

1920

1910

1900

1899 — 1800 BC

1899 — 1800 BC

1890

1880

1870

1860

1850

1840

1830

1820

1810

1800

1799 — 1700 BC

1790

1780

1770

1760

1750

1740

1730

1720

1710

1700

1699 — 1600 BC

1699 — 1600 BC

1690

1680

1670

1660

1650

1640

1630

1620

1610

1600

1599 — 1500 BC

1599 — 1500 BC

1590

1580

1570

1560

1550

1540

1530

1520

1510

1500

1499 — 1400 BC

1499 — 1400 BC

1490

1480

1470

1460

1450

1440

1430

1420

1410

1400

1399 — 1300 BC

1399 — 1300 BC

1390

1380

1370

1360

1350

1340

1330

1320

1310

1300

1299 — 1200 BC

1290

1280

1270

1260

1250

1240

1230

1220

1210

1200

1199 — 1100 BC

1199 — 1100 BC

1190

1180

1170

1160

1150

1140

1130

1120

1110

1100

1099 — 1000 BC

1099 — 1000 BC

1090

1080

1070

1060

1050

1040

1030

1020

1010

1000

999 — 900 BC

999 — 900 BC

990

980

970

960

950

940

930

920

910

900

899 — 800 BC

890

880

870

860

850

840

830

820

810

800

790

780

770

760

750

740

730

720

710

700

699 — 600 BC

690

680

670

660

650

640

630

620

610

600

590

580

570

560

550

540

530

520

510

500

490

480

470

460

450

440

430

420

410

400

390

380

370

360

350

340

330

320

310

300

299 – 200 BC

299 − 200 BC

290

280

270

260

250

240

230

220

210

200

199 — 100 BC

199 — 100 BC

190

180

170

160

150

140

130

120

110

100

90

80

70

60

50

40

30

20

10

1

1 − 100 AD

1 — 100 AD

10

20

30

40

50

60

70

80

90

100

101 — 200 AD

101 — 200 AD

110

120

130

140

150

160

170

180

190

200

201 — 300 AD

201 — 300 AD

210

220

230

240

250

260

270

280

290

300

301 – 400 AD

310

320

330

340

350

360

370

380

390

400

401 – 500 AD

401 – 500 AD

410

420

430

440

450

460

470

480

490

500

501 — 600 AD

501 — 600 AD

510

520

530

540

550

560

570

580

590

600

601 — 700 AD

601 – 700 AD

610

620

630

640

650

660

670

680

690

700

701 — 800 AD

701 — 800 AD

710

720

730

740

750

760

770

780

790

800

801 – 900 AD

801 – 900 AD

810

820

830

840

850

860

870

880

890

900

901 — 1000 AD

901 – 1000 AD

910

920

930

940

950

960

970

980

990

1000

1001 — 1100 AD

1001 — 1100 AD

1010

1020

1030

1040

1050

1060

1070

1080

1090

1100

1101 — 1200 AD

1101 — 1200 AD

1110

1120

1130

1140

1150

1160

1170

1180

1190

1200

1201 — 1300 AD

1201 — 1300 AD

1210

1220

1230

1240

1250

1260

1270

1280

1290

1300

1301 — 1400 AD

1301 — 1400 AD

1310

1320

1330

1340

1350

1360

1370

1380

1390

1400

1401 — 1500 AD

1401 — 1500 AD

1410

1420

1430

1440

1450

1460

1470

1480

1490

1500

1501 — 1600 AD

1501 — 1600 AD

1510

1520

1530

1540

1550

1560

1570

1580

1590

1600

1601 – 1650 AD

1601 — 1650 AD

1605

1610

1615

1620

1625

1630

1635

1640

1645

1650

1651 — 1700 AD

1651 — 1700 AD

1655

1660

1665

1670

1675

1680

1685

1690

1695

1700

1701 — 1750 AD

1701 — 1750 AD

1705

1710

1715

1720

1725

1730

1735

1740

1745

1750

1751 — 1800 AD

1751 — 1800 AD

1755

1760

1765

1770

1775

1780

1785

1790

1795

1800

1801 — 1820 AD

1802

1804

1806

1808

1810

1812

1814

1816

1818

1820

1821 — 1840 AD

1821 — 1840 AD

1822

1824

1826

1828

1830

1832

1834

1836

1838

1840

1841 — 1860 AD

1841 — 1860 AD

1842

1844

1846

1848

1850

1852

1854

1856

1858

1860

1861 — 1880 AD

1861 — 1880 AD

1862

1864

1866

1868

1870

1872

1874

1876

1878

1880

1881 — 1900 AD

1881 — 1900 AD

1882

1884

1886

1888

1890

1892

1894

1896

1898

1900

1901 — 1910 AD

1901 — 1910 AD

1901

1902

1903

1904

1905

1906

1907

1908

1909

1910

1911 — 1920 AD

1911 — 1920 AD

1911

1912

1913

1914

1915

1916

1917

1918

1919

1920

1921 — 1930 AD

1921 — 1930 AD

1921

1922

1923

1924

1925

1926

1927

1928

1929

1930

1931 — 1940 AD

1931 — 1940 AD

1931

1932

1933

1934

1935

1936

1937

1938

1939

1940

1941 — 1950 AD

1941 — 1950 AD

1941 — 1950 AD

1941

1942

1943

1944

1945

1946

1947

1948

1949

1950

1951 — 1960 AD

1951 — 1960 AD

1951

1952

1953

1954

1955

1956

1957

1958

1959

1960

1961 — 1970 AD

1961 — 1970 AD

1961

1962

1963

1964

1965

1966

1967

1968

1969

1970

1971 — 1980 AD

1971 — 1980 AD

1971

1972

1973

1974

1975

1976

1977

1978

1979

1980

1981 — 1990 AD

1981 — 1990 AD

1981

1982

1983

1984

1985

1986

1987

1988

1989

1990

1991 — 2000 AD

1991 — 2000 AD

1991

1992

1993

1994

1995

1996

1997

1998

1999

2000

2001 — 2010 AD

2001 — 2010 AD

2001

2002

2003

2004

2005

2006

2007

2008

2009

2010

2011 — 2020 AD

2011 — 2020 AD

2011

2012

2013

2014

2015

2016

2017

2018

2019

2020

2021 — 2030 AD

2021 — 2030 AD

2021

2022

2023

2024

2025

2026

2027

2028

2029

2030

2031 — 2040 AD

2031 — 2040 AD

2031

2032

2033

2034

2035

2036

2037

2038

2039

2040

2041 — 2050 AD

2041 — 2050 AD

2041

2042

2043

2044

2045

2046

2047

2048

2049

2050

Made in the USA
Las Vegas, NV
29 August 2024

94589848R00097